Searchlight
BOOKS
en español

¿Qué son las fuentes de energía?

Aprender sobre

la energía solar

T0015873

Matt Doeden

ediciones Lerner
Mineápolis

ediciones Lerner
Una división de Lerner Publishing Group, Inc.
241 First Avenue North
Mineápolis, MN 55401, EE. UU.

Si desea averiguar acerca de niveles de lectura y para obtener más información, favor consultar este título en www.lernerbooks.com.

Texto principal configurado en Adrianna Regular 13/20
Tipografía proporcionada por Chank

Library of Congress Cataloging-in-Publication Data

The Cataloging-in-Publication Data for *Aprender sobre la energía solar* is on file at the
    Library of Congress.
ISBN 978-1-7284-7436-6 (lib. bdg.)
ISBN 978-1-7284-7484-7 (pbk.)
ISBN 978-1-7284-7485-4 (eb pdf)

Fabricado en los Estados Unidos de América
1-52032-50545-12/17/2021

Contenido

Capítulo 1

¿QUÉ ES LA ENERGÍA SOLAR?

Imagina que estás en la playa. Es un día de verano soleado y cálido. Te aplicas bloqueador solar en la piel para que no quemarte. Luego pisas fuera de tu toalla de playa. La arena está tan caliente que casi duele caminar sobre ella. ¡Es hora de nadar!

El sol baña a las playas con luz y calor. ¿Cómo llamamos a la energía del sol?

Todo ese calor y esa luz provienen de los rayos del sol. El sol baña a la Tierra con energía gratuita cada segundo de cada día. Podemos recolectar y usar la energía del sol. La energía del sol se denomina energía solar.

La energía solar es potente y abundante.

¿De dónde viene la energía solar?

El sol está compuesto principalmente de hidrógeno y helio. Son los dos elementos más comunes del universo. El centro del sol se denomina núcleo. De ahí proviene la energía del sol. El núcleo es como una planta de energía gigante.

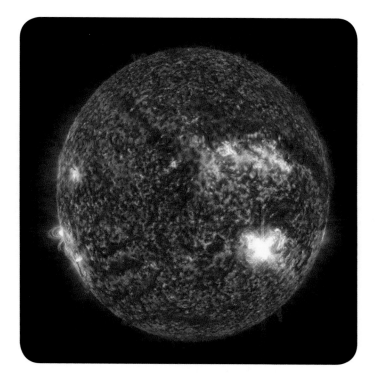

LA ENERGÍA DEL SOL PROVIENE DE SU
CENTRO O NÚCLEO.

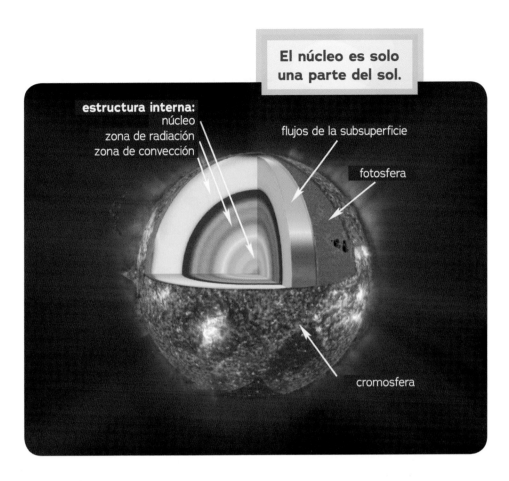

El núcleo es solo una parte del sol.

estructura interna:
núcleo
zona de radiación
zona de convección

flujos de la subsuperficie

fotosfera

cromosfera

En el núcleo del sol, la temperatura es superior a los 15 000 000°C (27 000 000°F). La gravedad atrae gran parte del hidrógeno que forma el sol hacia las profundidades del núcleo del sol. Esto crea una gran cantidad de calor y presión. El calor y la presión hacen que dos átomos de hidrógeno se unan o fusionen. Cuando esto sucede, los átomos de hidrógeno forman un solo átomo de helio. De ahí proviene el helio del sol. Esto se denomina fusión nuclear.

El nuevo átomo de helio no utiliza toda la masa de los dos átomos de hidrógeno. Queda cierto sobrante. Esta masa se convierte en energía, una *gran cantidad* de energía.

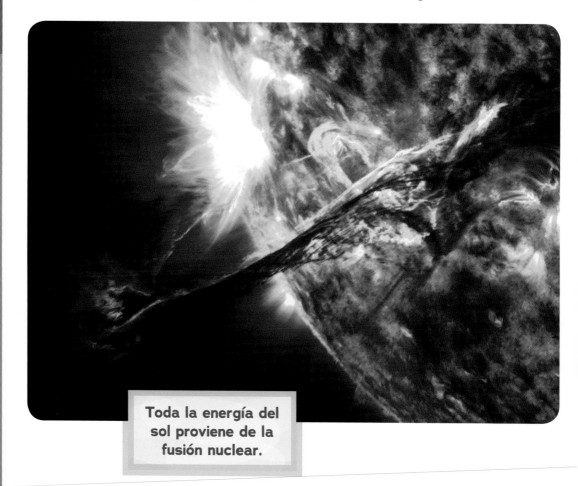

Toda la energía del sol proviene de la fusión nuclear.

La energía llega
a la superficie del
sol. La energía
sale al espacio en
forma de radiación
electromagnética.
Este tipo de energía
incluye luz, rayos
X y más. Parte de
esta energía llega
a la Tierra. Esta
energía calienta
nuestro planeta,
proporciona alimento
a las plantas y las
personas pueden
recolectarla y
utilizarla.

Las plantas dependen de la luz solar para producir su propio alimento.

¿Dónde podemos recolectar la energía solar?

Podemos recolectar energía solar en cualquier lugar donde brille el sol. Pero algunos lugares son mejores que otros.

Los lugares con pocas nubes son ideales. El sol brilla intensamente casi todo el tiempo en la mayoría de los desiertos. Pueden ser lugares excelentes para recolectar energía solar.

El desierto es un lugar excelente para recolectar energía solar.

Esta planta solar se encuentra en el desierto de Mojave en California.

Pero hay un problema. En los desiertos, no viven muchas personas. No es muy útil recolectar energía si no hay personas para usarla. Entonces, el truco consiste en encontrar lugares soleados cerca de ciudades y pueblos. El desierto de Mojave en California es un ejemplo perfecto. Muchas personas viven cerca. Es por eso que se construyeron allí muchas plantas de energía solar.

Capítulo 2

RECOLECTAR ENERGÍA SOLAR

Podemos convertir los rayos del sol en electricidad de varias formas. Algunos métodos funcionan muy bien en escalas pequeñas, como en una calculadora que funciona con energía solar. Otras formas, como enfocar los rayos del sol para crear temperaturas muy altas, funcionan mejor en grandes plantas de energía.

Algunas calculadoras funcionan con energía solar. ¿Cuál es una forma de recolectar energía solar?

Celdas fotovoltaicas

Una de las formas más fáciles de obtener energía del sol es a través de celdas fotovoltaicas, o celdas solares. En la palabra *fotovoltaico*, *foto* significa "luz" y *voltaico* significa "electricidad". Las celdas solares convierten la luz solar en electricidad.

Esta imagen muestra celdas fotovoltaicas.

¿Cómo funcionan las celdas solares? Están formadas por un material llamado semiconductor. Cuando la luz atraviesa la celda, este material absorbe parte de la energía de la luz. La energía hace que los átomos pierdan partículas diminutas llamadas electrones. Los electrones fluyen en una dirección como una corriente eléctrica. ¡Así obtendremos electricidad!

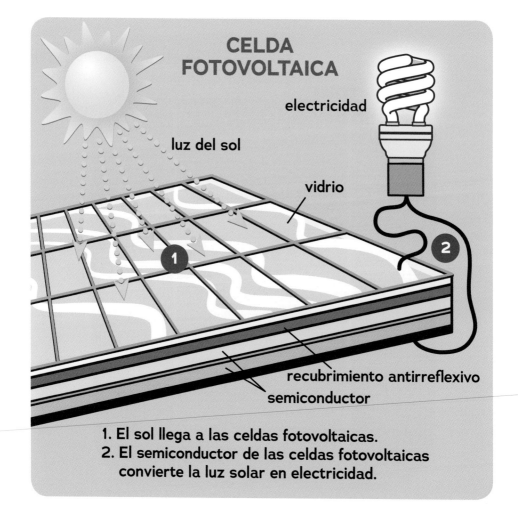

CELDA FOTOVOLTAICA

electricidad

luz del sol

vidrio

1

2

recubrimiento antirreflexivo

semiconductor

1. El sol llega a las celdas fotovoltaicas.
2. El semiconductor de las celdas fotovoltaicas convierte la luz solar en electricidad.

Las celdas solares se combinan en grandes grupos para formar paneles solares. Los paneles solares pueden ayudar a alimentar una vivienda o una empresa. Pueden alimentar los carteles o las luces en las carreteras. En las plantas de energía solar, muchos paneles solares se disponen en una matriz solar. Los paneles solares grandes pueden alimentar cientos o incluso miles de hogares.

Un panel solar alimenta este cartel de tráfico.

Energía solar térmica

Otra forma de utilizar los rayos del sol para producir energía se denomina energía solar térmica o energía solar concentrada. Existen varias formas de utilizar la energía solar térmica. Todas usan la misma idea básica. La energía solar térmica concentra los rayos del sol para generar calor. Ese calor se usa para generar electricidad.

Los espejos de esta planta de energía solar térmica concentran el calor del sol en un solo lugar. El calor se utiliza para generar electricidad.

Los espejos reflejan la luz del sol en un día despejado en esta torre de energía solar.

Un tipo de sistema solar térmico es la torre de energía solar. Este tipo de sistema incluye espejos que miran hacia una torre alta. Los espejos enfocan la luz del sol en la parte superior de la torre. Dentro de la torre hay un líquido. Los rayos reflejados calientan este líquido a temperaturas muy altas.

Esta torre de energía solar convierte el calor del sol en electricidad.

Luego, el calor convierte el líquido en vapor. El vapor en movimiento hace girar las aspas de una máquina llamada turbina. La turbina está conectada a un generador. El generador convierte la energía de las aspas giratorias de la turbina en electricidad.

Los concentradores parabólicos funcionan de manera similar. Los espejos curvos enfocan la luz del sol en las tuberías que contienen un fluido. El líquido se calienta y se mueve a un área de recolección central. El fluido caliente produce vapor que mueve una turbina. La turbina alimenta un generador que produce electricidad.

ESTOS ESPEJOS EN UN CONCENTRADOR PARABÓLICO CAPTURAN LA LUZ SOLAR DE MANERA MUY EFICIENTE.

Combustible solar

La energía solar también puede ayudar a crear combustible. Una forma de hacerlo es utilizar la luz solar para dividir las moléculas de agua. Cada molécula de agua tiene dos átomos de hidrógeno y un átomo de oxígeno. La energía solar se puede utilizar para descomponer la molécula en oxígeno e hidrógeno. El hidrógeno se puede utilizar como combustible.

Los científicos investigan más formas de convertir la luz solar y el agua en combustible.

Los combustibles solares son una nueva tecnología y aún están en investigación. Pero algunas personas esperan que estos combustibles algún día reemplacen la gasolina con base de petróleo que se utiliza en los vehículos.

En el futuro, los vehículos podrían funcionar con combustible solar en lugar de gasolina.

Capítulo 3

LAS VENTAJAS Y DESVENTAJAS DE LA ENERGÍA SOLAR

La mayor parte de la energía del mundo proviene de combustibles fósiles. Estos incluyen el carbón, el petróleo y el gas natural. Pero los combustibles fósiles son no renovables. Esto significa que una vez que se agotan, desaparecen para siempre.

Los combustibles fósiles son no renovables. ¿Qué significa *no renovable*?

La energía solar es renovable. La podemos recolectar mientras el sol siga brillando. Por eso muchas personas creen que será cada vez más importante en el futuro.

LA ENERGÍA SOLAR PUEDE SER UNA SOLUCIÓN IMPORTANTE PARA NUESTRAS NECESIDADES ENERGÉTICAS EN LOS PRÓXIMOS AÑOS.

El medioambiente

Quemar combustibles fósiles libera mucho dióxido de carbono. El exceso de este gas liberado en la atmósfera ocasiona que el clima de la Tierra cambie. Y demasiado cambio podría ser un desastre.

Las sequías más severas podrían ser un efecto del cambio climático.

La energía solar es una de las fuentes de energía más limpias en el mundo. No emite contaminación ni libera dióxido de carbono. Esto la convierte en una excelente manera de ayudar a reducir el cambio climático mundial.

La energía solar no genera contaminación.

Un trabajador usa vestimenta de protección al trabajar con paneles solares.

La energía solar implica algunos riesgos. Se utilizan productos químicos durante la fabricación de paneles solares. Y algunos paneles solares contienen materiales tóxicos.

Los materiales tóxicos de los paneles solares no contaminan el aire cuando los paneles están en uso. Sin embargo, podrían representar un peligro si los paneles simplemente se desechan. Los materiales tóxicos podrían filtrarse al suelo e incluso al suministro de agua. Por eso es importante reciclar y desechar los paneles solares correctamente.

El silicio se elimina de los paneles solares antiguos y se reutiliza en paneles nuevos.

Costo

La energía solar es muy costosa. Puede costar miles de dólares instalar paneles solares en una sola vivienda. Eventualmente, estos costos se recuperan mediante una reducción en las facturas de electricidad. Pero el costo inicial aún dificulta que muchas personas compren paneles solares.

El costo inicial de la energía solar es elevado, pero puede resultar rentable a largo plazo.

A medida que la energía solar se vuelve más asequible, surgen más paneles solares.

La energía solar es más económica a medida que mejora la tecnología. Algún día, puede resultar más económica que los combustibles fósiles.

Energía poco confiable

Otra desventaja de la energía solar es que no es confiable. Los paneles y las plantas solares funcionan mejor cuando el sol brilla intensamente. No funcionan tan bien cuando está nublado. Y no producen electricidad por la noche.

Los paneles solares son ineficaces una vez que se pone el sol.

La energía solar se puede almacenar en baterías como estas, pero es muy costoso.

El almacenamiento de energía solar es costoso. Esto significa que es probable que la energía solar sea solo una pieza del rompecabezas energético. Se utilizarán otras fuentes de energía junto con la energía solar.

Capítulo 4

LA ENERGÍA SOLAR EN EL FUTURO

Los combustibles fósiles se van a agotar algún día. Y las personas cada vez se preocupan más por el cambio climático. Por eso, se están buscando fuente de energía alternativas.

Los paneles solares como estos son cada vez más comunes. ¿Cuál es una de las razones por las que se recurre a las fuentes de energía alternativa?

Esta comunidad "verde" funciona con el sol.

La energía solar lidera el camino. Las celdas solares son cada vez más económicas y eficientes con cada año que pasa. Muchas viviendas nuevas tienen paneles solares incorporados en sus techos. Y se construyen más plantas de energía solar en las regiones más soleadas del mundo.

Estas turbinas convierten la energía eólica en electricidad.

Es probable que la energía solar siga creciendo. Muchas personas imaginan un día en que las fuentes de energía renovable como la energía solar, la eólica y la hidráulicapuedan actuar en conjunto para impulsar el mundo.

La energía solar en el Espacio

Piensa en algunas desventajas de los paneles solares. Solo funcionan durante el día. No funcionan bien cuando está nublado. Y ocupan mucho espacio. ¿Cómo podríamos resolver todos estos problemas? Es simple. ¡Instalar una planta solar en el espacio!

Los días nublados representan un desafío para los paneles solares.

Esa idea no es solo ciencia ficción. Las empresas investigan cómo poner una planta solar en órbita alrededor de la Tierra o incluso en la Luna. Una planta solar de este tipo sería muy costosa de construir. Pero las plantas solares en el espacio podrían producir electricidad casi sin parar. La energía podría transmitirse a la superficie de la Tierra mediante ondas de radio o láseres. Puede parecer una idea alocada. ¡Pero un día, gran parte de nuestra energía solar puede provenir del espacio!

¡LOS PANELES SOLARES ALGÚN DÍA PUEDEN ESTAR EN LA LUNA!

La energía solar desempeña un papel importante en la búsqueda de energía limpia.

No sabemos si alguna vez sucederá realmente. Pero algo es probable. Mientras el sol brille sobre la Tierra, la energía solar será una gran parte de nuestro futuro energético.

Glosario

átomo: la unidad más pequeña de un elemento que tiene las propiedades del elemento. El átomo está formado por protones, neutrones y electrones.

combustible fósil: un combustible como el carbón, el gas natural o el petróleo que se formó durante millones de años a partir de los restos de plantas y animales muertos

fuente de energía alternativa: una fuente de energía distinta a los combustibles fósiles tradicionales

generador: una máquina que convierte la energía mecánica en electricidad

matriz: un grupo de elementos que forman una unidad completa

no confiable: que ofrece un rendimiento inconsistente y del que no se puede depender

no renovable: que no se puede reabastecer. Una vez que una forma de energía no renovable se agota, desaparece para siempre.

núcleo: el centro del sol, donde se produce la fusión nuclear

renovable: que se puede reabastecer a lo largo del tiempo

semiconductor: una sustancia que permite que algo de electricidad pase a través de ella

turbina: una máquina con paletas que convierte la energía de un gas o fluido en movimiento, como el agua, en energía mecánica

Más información

Libros

Bailey, Gerry. *Out of Energy.* Nueva York: Gareth Stevens, 2011. Obtén más información sobre las alternativas a los combustibles fósiles, desde la energía geotérmica hasta la solar, y descubre cómo puedes usar la energía de manera más eficiente.

Doeden, Matt. *Aprender sobre el carbón, el petróleo y el gas natural..* Mineápolis: Lerner Publications, 2022. Los combustibles fósiles siguen siendo nuestra principal fuente de energía. Obtén más información sobre cómo se forman, cómo se recopilan y las ventajas y desventajas de su uso.

Waxman, Laura Hamilton. *The Sun.* Mineápolis: Lerner Publications, 2010. Examina con más detalle la planta de energía más grande de nuestro sistema solar: el sol. Aprende cómo nuestra estrella local utiliza la fusión nuclear para producir la energía que alimenta nuestro planeta.

Sitios web

Energy Kids—Solar
http://www.eia.gov/kids/energy.cfm?page=solar_home-basics
Esta página sobre energía solar incluye diagramas, mapas y fotografías para enseñarte más sobre la energía solar.

How Solar Cells Work
http://www.howstuffworks.com/environmental/energy/solar-cell.htm
¿Quieres aprender más sobre cómo una celda solar produce electricidad? Visita este sitio para descubrir los detalles de las celdas solares.

Planets for Kids—the Sun
http://www.planetsforkids.org/star-sun.html
Visita este sitio para conocer toneladas de datos divertidos sobre nuestro sol.

Índice

Agradecimientos por las fotografías

Las imágenes de este libro se utilizan con el permiso de: © Comstock Images, p. 4; © Liligraphie/Dreamstime.com, p. 5; NASA/SDO/AIA, p. 6; NASA/Goddard, p. 7; NASA/SDO, p. 8; © iStockphoto.com/daneger, p. 9; © iStockphoto.com/Hydromet, p. 10; © Jim West/imagebroker/CORBIS, p. 11; © iStockphoto.com/LongHa2006, p. 12; Dennis Schroeder/Department of Energy/National Renewable Energy Laboratory, pp. 13, 20; © Laura Westlund/Independent Picture Service, p. 14; © iStockphoto.com/sdart, p. 15; Sandia National Laboratory/Department of Energy/National Renewable Energy Laboratory, pp. 16, 29; © Tangencial/Dreamstime.com, p. 17; David Hicks/Department of Energy/National Renewable Energy Laboratory, p. 18; SkyFuel Inc./Department of Energy/National Renewable Energy Laboratory, p. 19; © Gemphotography/Dreamstime.com, p. 21; © iStockphoto.com/Sportstock, p. 22; © iStockphoto.com/da-kuk, p. 23; USDA Photo by Bob Nichols, p. 24; Aspen Skiing Co./Department of Energy/National Renewable Energy Laboratory, p. 25; SEMATECH/Department of Energy/National Renewable Energy Laboratory, p. 26; RALF HIRSCHBERGER/EPA/Newscom, p. 27; © iStockphoto.com/Elenathewise, p. 28; © Americanspirit/Dreamstime.com, p. 30; © Daniel Schoenen/image/imagebroker.net/SuperStock, p. 31; © iStockphoto.com/gmalandra, p. 32; Sacramento Municipal Utility District/US Department of Energy, p. 33; © Edmund Holt/Dreamstime.com, p. 34; © Nikolay Kazachek/Dreamstime.com, p. 35; © iStockphoto.com/Rafael Pacheco, p. 36.

Portada: © iStockphoto.com/danielschoenen.